Guardaparques

Julie Murray

Abdo Kids Junior es una
subdivisión de Abdo Kids
abdobooks.com

Abdo
TRABAJOS EN MI COMUNIDAD
Kids

abdobooks.com

Published by Abdo Kids, a division of ABDO, P.O. Box 398166, Minneapolis, Minnesota 55439.

Printed in the United States of America, North Mankato, Minnesota.

102018

012019

THIS BOOK CONTAINS RECYCLED MATERIALS

Spanish Translator: Maria Puchol

Photo Credits: Alamy, iStock, Media Bakery, Shutterstock

Production Contributors: Teddy Borth, Jennie Forsberg, Grace Hansen

Design Contributors: Christina Doffing, Candice Keimig, Dorothy Toth

Library of Congress Control Number: 2018953753

Publisher's Cataloging-in-Publication Data

Names: Murray, Julie, author.

Title: Guardaparques / by Julie Murray.

Other title: Park rangers

Description: Minneapolis, Minnesota : Abdo Kids, 2019 | Series: Trabajos en mi comunidad | Includes online resources and index.

Identifiers: ISBN 9781532183690 (lib. bdg.) | ISBN 9781641857116 (pbk.) | ISBN 9781532184772 (ebook)

Subjects: LCSH: Park rangers--Juvenile literature. | Occupations--Careers--Jobs--Juvenile literature. | Community life--Juvenile literature. | Spanish language materials--Juvenile literature.

Classification: DDC 363.6809--dc23

Contenido

Guardaparques

Mae es guardaparque. A ella le encanta la naturaleza.

PARK SERVICE
BLAZER 16
Mohawk

Los guardaparques cuidan los parques estatales. También cuidan de los **parques nacionales**.

Se aseguran de que los visitantes estén seguros.

DISCOVER
ROOMS
RIGHT
Yellowstone Fall
Welcome to your
Think Safety, Act Safely

Mantienen los parques limpios.

Joy recoge basura.

Protegen a los animales. Albert ayuda a un ciervo canadiense a cruzar la carretera.

También se ocupan de la búsqueda y rescate de personas.

HONDA
PN-903
FOUR STROKE
Phoenix 12
PN905
Chesapeake
VIRGINIA

Vigilan por si hay incendios. El riesgo de fuegos es muy alto hoy.

SMOKEY
FIRE DANGER
HIGH
TODAY!
SMOKEY
PREVENT FOREST FIRES

Hacen visitas guiadas. Todd da una charla sobre el parque.

TODD HISAICHI

¡A Ike le encanta ser guardaparque!

Los materiales de un guardaparque

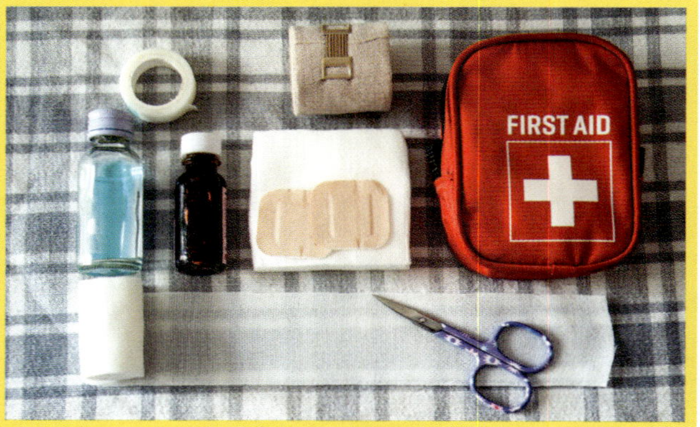

un botiquín de primeros auxilios

los zapatos adecuados

un mapa

un automóvil

Glosario

parque nacional
área extensa mantenida y protegida por el gobierno de una nación.

proteger
tener cuidado y mantenerse seguro.

Índice

Abdo Kids
ONLINE
FREE! ONLINE MULTIMEDIA RESOURCES

Código Abdo Kids:
MPK7894

¡Visita nuestra página **abdokids.com** y usa este código para tener acceso a juegos, manualidades, videos y mucho más!